बाल श्रीराम

बहुत समय पहले कोशल में दशरथ नाम के एक राजा राज करते थे।

राजा दशरथ की तीन रानियाँ थीं - कौशल्या, कैकेयी, सुमित्रा।

उनके पास सब कुछ था लेकिन कोई संतान न थी। फिर उन्होंने ऋषियों की सलाह पर संतान के लिए यज्ञ किया।

कोशल में चारों बच्चों के जन्म का उत्सव **धूम-धाम** से मनाया गया।

चारों भाई कोशल की राजधानी अयोध्या में **खेलते-कूदते** हुए बड़े होने लगे।

नगर के लोग चारों राजकुमारों को खेलते हुए देखकर अपने भाग्य पर इतराते रहते।

कौए से खिलवाड़

काकभुशुंडि नाम के ऋषि श्रीराम के भक्त थे। वह बाल श्रीराम को देखने के लिए कौए का रूप धरकर उनके आगे-पीछे मंडराते रहते थे। वह हर समय उनका जूठन पाने के चक्कर में रहते थे।

बाल श्रीराम हाथों में मालपुआ लेकर खड़े थे। उन्होंने काकभुशुण्डी को मंडराते देखा और मिठाई वाला हाथ उसकी ओर बढ़ा दिया।

काकभुशुंडि जी मालपुआ लेने के लिए जैसे ही लपके, श्रीराम ने मिठाई वाला अपना हाथ पीछे खींच लिया और दूसरे हाथ से उन्हें पकड़ने की कोशिश करने लगे।

काकभुशुंडि उनकी पकड़ से बच निकले।

श्रीराम बार-बार उन्हें पकड़ने की कोशिश करते और काकभुशुंडि हर बार बच निकलते।

कई दिनों तक ऐसा ही चलता रहा।

एक दिन काकभुशुंडि जी ने सोचा-

तीनों लोकों के मालिक एक कौए को नहीं पकड़ पा रहे हैं!

बाल श्रीराम उनके मन का भाव समझ गए। तुरंत ही उन्होंने अपना छोटा-सा हाथ उनकी तरफ़ बढ़ाया।

भगवान की पकड़ से बचने के लिए काकभुशुंडि अपनी पूरी ताक़त से उड़े।

वह सात भुवन और तीनों लोकों को पार कर गये।

इसके बावजूद बाल श्रीराम का हाथ उनके पीछे-पीछे बढ़ता रहा।

अंत में काकभुशुंडि जी हारकर रुक गये।

तब बाल श्रीराम ने अपने छोटे हाथों से **मिठाई की तरह उन्हें निगल लिया।**

अब काकभुशुंडि जी बाल श्रीराम के पेट में थे। वहाँ उन्हें **पूरा ब्रह्माण्ड दिखाई पड़ा।**

सूरज, चाँद और अनगिनत तारे दिखायी पड़े।

एकाएक बाल श्रीराम ने उसे उलट दिया।

बाहर आकर उन्होंने देखा कि बाल श्रीराम अपने हाथ में मालपुआ पकड़े,

उन्हें देखकर मुस्करा रहे हैं।

फिर तो काकभुशुंडि का सारा संदेह ख़त्म हो गया।

नटखट बाल श्रीराम

राजा दशरथ का सुन्दर दरबार ही बाल श्रीराम के खेलने की जगह थी।

चारों राजकुमारों की **खिलखिलाहट** सबका मन मोह लेती थी।

श्रीराम की बाल लीलाओं को देखने के लिए देवता अलग-अलग रूप धरकर अयोध्या में ही बस गये थे।

माता कौशल्या बाल श्रीराम को अपनी नज़रों से दूर नहीं जाने देती थीं।

इस समय वो बाल श्रीराम को खाने के लिए बुला रही हैं। एक हाथ में मालपुआ पकड़कर दूसरे हाथ से बार-बार राम जी को खींच रही हैं-

"लाला, जल्दी आओ, इधर बैठो। पहले भोजन करो फिर खेलना। देखो, तुम्हारे दोस्त तुम्हारा इंतजार कर रहे हैं।"

लेकिन बाल श्रीराम अपनी शरारतों से माता कौशल्या को परेशान करना चाहते हैं।

वो माता के बार-बार मनुहार करने पर भी ध्यान नहीं देते हैं-

पिता के दरबार में या भाइयों के पास भाग जाते थे।

कई बार **माता के पास दौड़कर आते** हैं लेकिन जैसे ही माता उन्हें

खिलाने की कोशिश करतीं **फिर दूर भाग जाते** हैं।

इस समय दूर खड़े होकर हँस रहे हैं।

माता कह रही हैं, "अगर तू इस तरह परेशान करेगा तो मैं बाकी सारे काम कैसे करूँगी? अभी मुझे नहाना है और भगवान का भोग भी लगाना है। अगर अब भी तुम मेरी बात नहीं मानोगे तो मैं तुमसे बात नहीं करूँगी।"

इसके बाद बाल श्रीराम बहुत प्रेम से माता की गोद में बैठ जाते हैं।

अब माता कौशल्या अपने बेटे की मुस्कान देखकर उसकी सारी शरारतें भूल गयी हैं।

दोस्तों संग श्रीराम

एक बार भरत जी माता कौशल्या के पास आये। उन्होंने माता के पैर छुए। माता ने उन्हें आशीर्वाद दिया।

इसके बाद उन्होंने श्रीराम के पैर छुए। श्रीराम ने उन्हें गले से लगाकर हाल-चाल पूछा।

भरत ने कहा- भैया! आइए खेलते हैं।

आपके प्यारे दोस्त और बाकी बच्चे प्रवेश द्वार के पास आपका इंतज़ार कर रहे हैं।

वे आपको देखकर ख़ुश होंगे।

भरत जी के आग्रह पर श्रीराम तुरंत खड़े हो गये।

चारों भाइयों को साथ जाते देखकर,

अयोध्या वासियों की आँखें तृप्त हो जाती थीं।

श्रीराम अपने दोस्तों संग अयोध्या की
गलियों और बाज़ारों में खेलते थे।

उनका खेल देखकर नगर के लोग मुग्ध हो जाते।

श्रीराम नगर वासियों की ख़ुशी में ही अपना आनन्द समझते थे।

The kid books

अनबाउंड स्क्रिप्ट का उपक्रम

बाल श्रीराम

प्रथम संस्करण - जनवरी, 2025

ISBN : 978-81-19745-66-1

प्रकाशक : **अनबाउंड स्क्रिप्ट**
2/41, अंसारी रोड,
दरियागंज, दिल्ली - 110002
वेबसाइट : www.unboundscript.com
ई-मेल : books@unboundscript.com
फोन नं. : 011-35827601

BAAL SHRI RAM
Retold by Kamini Gayakwad
Illustrated by Unbound Script

Printed in India

मूल्य : ₹ 199/-